誌友会のためのブックレットシリーズ6

病気はこうして治る

―― 実践篇 ――

編者　一般財団法人　世界聖典普及協会

生長の家

お薦《すす》めします

　この本は一九八二年、今から三十六年前に世界聖典普及協会から出版されました。当時夫はここに勤務して、この本を編集していました。私はというと、第二子《だいにし》の出産を一か月後に控《ひか》えていました。夫から贈られた新刊書は、谷口雅春先生の講話テープとセットになっていて「豪《ごう》華《か》な本ができた」と思いました。一通り中《なか》を見ましたが、出産前の私にとって、丁寧《ていねい》に読む心の余裕《よゆう》がありませんでした。そして、二人の活発な男児の子育てに追われ、さらに長女も生まれて〝人生の夏〟へ突入《とつにゅう》しました。私は幸い、病気との縁《えん》もなかったので『病気に勝つ』というタイトルだったこの本を詳《くわ》しく読む機会はなく、六十代半《なか》ばを越したのでした。

　ところが最近、私は健康に関するエッセーを書きました。自分の書いた内容を確認するため、本を参考にしたいと思ったとき、『病気に勝つ』という本があったことを思い出しました。書棚から取り出し読み始めて、その内容の確かさに驚き、引きつけられて一気に読み終えました。

　病気と心、薬と体との関係、また人間の免疫系《めんえきけい》の働きなどを現代科学の知識を織《お》り交《ま》ぜながら、論理的にわかりやすく説明しています。読みながら「この部分は本当？」などと疑問が浮かぶと、次の章には疑問に答えるような詳しい説明があるなど、行き届いた編集になっています。

現代は健康や病気について、様々《さまざま》な情報がインターネットを行《ゆ》き交《か》い、人々は玉石混交《ぎょくせきこんこう》の情報に振り回されている感があります。読者から「治病《ちびょう》に関する小冊子《しょうさっし》を出してほしい」という要望《ようぼう》も寄せられていました。そこで、この本を「誌友会《しゆうかい》のためのブックレットシリーズ」に入れて出版すれば、そんな要望にもお応《こた》えできると思いました。用途に応《おう》じて手軽《てがる》に開けるように、単行本一冊の内容を「原理篇」と「実践篇」の二冊のブックレットとしました。かつてカセットテープに収められていた谷口雅春先生のご講話《こうわ》は、今はＣＤとなって世界聖典普及協会からお求めいただけます。

この本を精読《せいどく》されることにより、読者は人間の心と体の関係、それらに備わる自然治癒力《しぜんちゆりょく》の偉大さにきっと感銘《かんめい》を受けられるでしょう。そして、心の安らぎを覚《おぼ》えられることと思います。

皆様の健康で明るい日々をお祈りいたします。

合掌

谷口　純子（生長の家白鳩会総裁）

『病気に勝つ―解説書―』初版のはしがき

本書は、「生長の家」で説《と》いている治病《ちびょう》の原理をわかりやすく説明したものです。現在行われている治療法はいろいろありますが、心が体におよぼす影響をあまり考慮《こうりょ》に入れず、対症《たいしょう》療法《りょうほう》*1的に薬を投《とう》じたり、手術によって悪い所を切り取るという方法が多いようです。しかし、これだけでは、一時的には良い場合もあるでしょうが、反対に薬の多用による副作用があったり、他に転移《てんい》したり、また再発することもあります。それではいったい病気を根本的《こんぽんてき》に治療し、転移や再発をふせぐ方法はないものでしょうか？　それには心と体の関係を知り、心を調和《ちょうわ》ある状態にしなければなりません。

人間は本来、健康なのがあたりまえです。病気は心の中にある「ストレス」や「迷い」が原因です。この「ストレス」や「迷い」を取りされば、生命の自然療能力《しぜんりょうのうりょく》が働いて、病気が治ります。この「ストレス」や「迷い」を取りさるには、人間の本当の姿が完全であることを知って感謝することであります。

このように本書では、病気の原因とは何か？　また、本来の健康な姿を現わすためにはどうすればよいか、などを具体的にくわしく書いています。

この治療法は、従来《じゅうらい》の物質的治療に対してメタフィジカル・ヒーリング（metaphysical healing，超物質的治療法《ちょうぶっしつてきちりょうほう》）とよばれており、「生長の家」の原典である『生命《せいめい》の實相《じっそう》』で詳説《しょうせつ》しています。説いているだけではなく、この『生命の實相』を読んだことが精神の一大転機となり、そこから現在の医学界では難病とされている「ガン」や「膠原病《こうげんびょう》」などが治った例も出ています。

現在、病気中の人も、この本を読んで自分の「生命力」に自信をもたれ、一日も早く健康を回復されんことを願ってやみません。

編　者

＊1　対症療法　病気の原因に対してではなく、その時の症状を軽減《けいげん》するために行われる治療法。痛みに鎮痛剤を与えるなど。

病気はこうして治る――実践篇――　目次

第二章　感謝の心

本文イラスト・永谷宗宏

凡　例

一、本書の底本には、『新版　病気に勝つ―解説書―』（世界聖典普及協会、二〇〇三年／初版発行は一九八二年）を用いた。
二、本書は、底本の第四章と第五章に『病気はこうして治る――実践篇――』とタイトルを付して刊行するものである。
三、本ブックレットシリーズに収めるにあたって、読みやすくするために、以下のような整理を行った。
（1）本文の活字を大きくした。
（2）底本の註の内容を更新し、新たな註を追加した。
（3）読みにくい漢字には振りがなをつけ加えた。
四、底本の明らかな誤植は、適宜改めた。
五、本書の底本の第一章から第三章は、本ブックレットシリーズ5の『病気はこうして治る――原理篇――』の第一章から第三章に収められるため、その旨、本文の該当箇所を改めた。
六、今日では差別的とされる表現は、著作権者の了解を得て、以下のように改めた。
　精神分裂病→統合失調症（四〇、四二頁）
　〝廃人〟に言及した箇所→削除（四三頁）

第一章　神想観のやり方

神想観《しんそうかん》は祈りである

普通「祈り」というと、「神様、どうか何かをしてください」という〝哀願《あいがん》〟の意味にとられることがありますが、生長の家の「神想観」はその名のとおり「神を想《おも》い観《かん》じる」ことで、〝哀願〟や〝神だのみ〟ではありません。『病気はこうして治る――原理篇――』の第三章でお話ししたように、自分の中の「神」を知り、「実相《じっそう》」を知るための行事ですから、「何かがほしい」という〝懇願《こんがん》〟ではありません。ストレスや「迷い」の霧《きり》を吹《ふ》き払《はら》い、すでに厳然《げんぜん》として存在している「実相世界《じっそうせかい》」*1を、「神」を全人格的に自分の中に観じ、体験する行事です。

このように書きますと、何か大変に難解《なんかい》で、高度な熟練《じゅくれん》を必要とするものであるように思われるかもしれませんが、そうではなく、神想観はある意味では簡単な、ごく自然な行事です。なぜなら私たち人間は神様の〝分身〟である「神の子」なのですから、神様の方へ、実相の方へと私たちを振《ふ》り向《む》かせる行事である神想観は、幼児《ようじ》が親の方へ振《ふ》り返《かえ》るようにごく自然で、当り前なことだといわなければならないでしょう。そして、幼児が親を振り返ってニコッと笑い、「ぼくはあなたに生かされている、あなたの子です」という意思表示《いしひょうじ》をするのと同じように、「私は神の子であり、神様に生かされているから、病気も、悪も、罪もない」と高らかに宣言するのが神想観の本質だといえるでしょう。私たちが普通に「神様に祈る」という時には、どこか天の上のはるか高い所に神様がいて、その近づきがたい天上の神様に向かって、地上の低い所にいる私たちが一所懸命《いっしょけんめい》に声をはり上げてお願いする——というようなニュアンスにとられがちです。しかし、神想観とは、そういうように神様と人間を二つの別々のものとしてみるのではなく、「神様と自分とは一体であり、神様の生命が自分の生命であり、自分の生命が神様の生命である」というように、神様と自分との一体感を深めるための行事です。前に挙《あ》げた「幼児と親」の比喩《ひゆ》を使えば、神想観の基本は、「神様、私はあなたの子です。あなたは私のお父さんです。あなたの生命《いのち》が私に宿《やど》って、ここに私の生命《いのち》となっているのです」という実感とともに、神様のヒザの上に、まっしぐらにかき上るような感情をこめた一体感をきわめることです。この一体感を、理屈《りくつ》ではなく、現在意識《げんざいいしき》*2だけでなく、潜在意識《せんざいいしき》*3の底の底にまでたたみ込むのが神想観であります。

神想観《しんそうかん》は実相観《じっそうかん》

また、神想観は一直線に「実相《じっそう》」を見る「実相観」ですから、日常生活に付随《ふずい》したいろいろな雑事《ざつじ》を念頭《ねんとう》から追い払わねばなりません。神想観をやっているあいだに「病気が治りたい」とか「お金がもっとほしい」とか、現象的《げんしょうてき》な〝影《かげ》〟を追求する心が少しでも混《まじ》りますと、それはすべてのものが完全に備わっている「実相」を心に描《えが》くことではなく、「何かが足りない」という欠乏感《けつぼうかん》でありますから、「神想観」ではなく「欠乏観《けつぼうかん》」になってしまいます。また、このような雑事は「現象世界《げんしょうせかい》」の出来事ですから、そのような現象的なものを心に描いている限り、それは「現象観《げんしょうかん》」であり、いつまでたっても「神想観」にはならないのです。

「神様の方へ振《ふ》り向《む》く」のが神想観だといいましたが、単に「振り向く」だけでは、首が振り向いていても体が別の方向へ向いていたり、足が前方へ歩き続けていたりします。私たち大人の振り向き方は、たいていこんなものですが、幼児《ようじ》が親の方を振り向く時は、首だけではなく、体全体で振り向きます。足はその場に止まり、やがて親の方へと駆《か》け寄《よ》ってくるでしょう。「神様に振り向く」時も、現象的なことに心をひっかからせず、この幼児のように真直《まっす》ぐ、素直に振り向くことが大切です。

ですから、私たちが祈る時には、「神様」や「実相世界《じっそうせかい》」の完全なすがたを心に描き、それに心を集中し、すでにその完全なすがたが存在する様子を心で見つめ、賛美《さんび》し、感謝するというのが、最良の方法です。

「実相」は自然にわかる

「実相を見つめるといっても、まず実相を知らせてもらわないと実相というものがわからない。わからないものを心に描いて見つめるわけにはいかないじゃないか」という人がいるかもしれません。しかし、『病気はこうして治る――原理篇――』の第三章にも書いたように、「実相」は、あなたの内部にすでにちゃんとあるのですから、心をそれに振り向けるように外的環境《がいてきかんきょう》を整えたり、姿勢を正したり、雑念《ざつねん》を去るなどの準備をすれば、自然に見えてくるものです。たとえば、あなたがもし難病《なんびょう》に冒《おか》されていると仮定します。ところが、「A駅の近くにあるB大学病院にはX博士《はくし》という名医がいて、その難病専門の科学的設備も整っている」という話を聞けば、あなたはA駅にも、その大学病院へも行ったことがなく、X博士とはどんな人間かを全く知らなくても、きっと電車に乗るか、車に乗るかして、A駅を目指《めざ》すと思います。A駅が本当にそこにありさえすれば、あなたはたとえどこにいたとしても、切符《きっぷ》を買い、A駅へ向かう電車に乗ることでしょう。A駅の駅舎《えきしゃ》がどんな形であり、大学病院が何階建てであり、X博士《はくし》がどんな人間であるかなど知らなくても、A駅行きの電車に乗りさえすれば、A駅に着くのですから、そこで駅や大学病院の様子もわかるし、X博士がどんな顔をしているかもわかってきます。それと同じように、「実相《じっそう》」へ近づく方法さえわかれば、その方法どおりに準備すれば、やがてだんだんと「実相」が見えてきて、実相に到着するようになってきます。この〝実相駅〟行きの電車が「神想観《しんそうかん》」です。

神想観は「凝念《ぎょうねん》」ではない

宗教というものを、霊魂《れいこん》の交信や、霊媒術《れいばいじゅつ》*4、透視術《とうしじゅつ》*5、占い、未来予知、魔術《まじゅつ》などの「オカルト映画」*6の世界と同一視《どういつし》している人の中には、「祈り」とは何か念力《ねんりき》で物を動かしたり、自分のしたいことをやろうとする「凝念」だと思い違いしている人が多いと思います。しかし、神想観は、そのような「何かをしたい」とか「あれがほしい」というような自分勝手な願望を通すための手段ではありません。ですから、「念力」を出そうと思って、肩ヒジを張り、全身に力を入れ、アブラ汗を流すような、ムダなエネルギーを費《ついや》す必要は全くありません。気持を楽にして、ゆったりとした、おおらかな気持で、あなた自身の中にある「実相」をただ見つめ、感じ、賛美《さんび》すればいいのですから、神想観を終えた後は、疲労《ひろう》するどころか、気分が爽快《そうかい》となり、かえって疲れがとれるのが本当です。

それでは、このような神想観を、実際にどのようにして行えばいいかを次に説明しましょう。

姿《し》勢《せい》

「私たちの体には〝心の形〟が現われている」という話を『病気はこうして治る——原理篇——』の第二章でしましたが、これは「心と体は密接に結びついている」という意味です。ですから、「体の形を整えれば心の方も整ってくる」ことも事実です。これは、私たちが日常体験していることでもあります。礼服《れいふく》を着れば、心があらたまった気分になり、正座《せいざ》をすれば気分がひきしまり、神社の拝殿《はいでん》の前へ立てば、何となく合掌《がっしょう》したい気持になります。それと同じように、心を整えるためには、まず正しい姿勢をとらねばなりません。

すわり方

【略式《りゃくしき》】

左足を右足の上に重ねます。やせている人は足を深く重ねてすわりますが、太っている人は親指だけを重ねてもいいでしょう。体の重心を落とす前に、一度、腰の部分をぐっと後ろへ突き出すようにしてすわると、腰骨《こしぼね》と背骨の下部が安定し、腹部がスッと前方へ出た楽な姿勢《しせい》になります。両ヒザの間隔《かんかく》は自分で最も安定する距離に開きます。そのまま腹を伸ばし、背骨を伸ばし、胸をゆるやかに、すべて伸び伸びとした気分ですわります。

【正座《せいざ》】

左足を右足の上に重ねるのは同じですが、右足の親指の先が左足の外側のくるぶし（足首の内側と外側にある梅干《うめぼ》しの種《たね》のような隆起《りゅうき》した骨）の所にまで来るように深く重ねます。すると、左足の親指は、右足の内側のくるぶしとかかとの間に出来るくぼみにスッポリとはまります。両ヒザの間隔は、正三角形の台座を作るつもりで、男性はこぶしが五握《にぎ》り半ほど、女性は一握《ひとにぎ》りか二握《ふたにぎ》り入る距離に開きます。そこで両手を前方に突き、お尻をぐっと後ろへ突き出し

正座

ます。すると会陰部《えいんぶ》（肛門の前方）が左足の土踏《つちふ》まず（足の裏のくぼんだ部分）のちょうど上に来ますから、そのまま静かに腹を伸ばしたまま、体重を落とし、体を起こします。

初めこのすわり方に慣れないあいだは、足首などが痛むかもしれませんが、慣れれば痛みは消えます。足が痛くてガマンできない時は、下の足と上の足とを、土踏まずを中心として互いに少し回転させ、両足の親指を双方のくるぶしの位置から外すようにすれば楽になります。

【椅子《いす》にかけてやる場合】

最近の住宅では、畳を敷《し》いた部屋が減ってきました。若い人たちは畳が敷いてあっても、その上に背の高い机と椅子を置いて生活するようになっています。神想観《しんそうかん》は、本当は正座して行

椅子

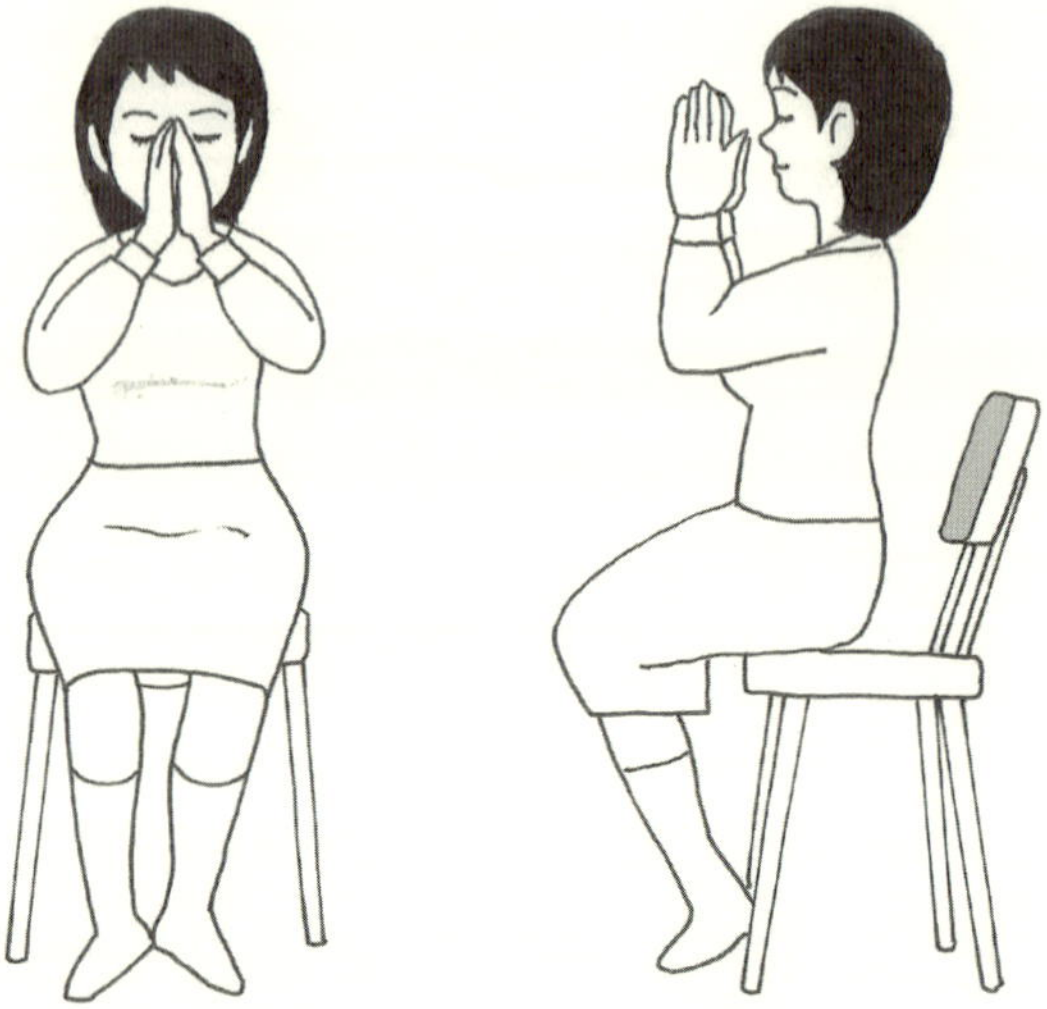

うのが一番正しい方法ですから、畳の部屋がなくても、洋室のじゅうたんの上でやるなど、できるだけすわるようにしましょう。しかし、足にケガをしていたり、静かに、おちついた雰囲気《ふんいき》で一人でいられる場所に椅子《いす》しかない場合などには、椅子を使った神想観《しんそうかん》もあります。

この場合は、椅子にできるだけ浅くかけます。やはり、お尻をぐっと後方へ突き出すようにしますと、背骨から腰のあたりがしっかりと落ちつきます。足は前に投げ出さず、引き寄せて爪先《つまさき》で床を軽く支えます。足のかかとの部分が、ちょうど会陰部《えいんぶ》の下部へ入ります。背骨をまっすぐに立て、体の重心を爪先に落すような気持になります。

合《がっ》掌《しょう》

合掌は、指を曲げずに両方の手のひらを軽く合わせ、中指の先を額《ひたい》の中央の高さにまで上げます。この時、親指は外側へ張り出さずに、人差し指につけるようにします。そして、合掌をできるだけ近づけますと、指先は正しく天の方向を指《さ》します。両親指の第一関節と第二関節の間にすきまができますが、ここに鼻の息が入るような高さにします。合掌を頂点とした∧形ができますが、この合掌の手首と手首との角度は、正三角形の角度（六〇度）ぐらいが適当です。この角度が大きすぎると肩に力が入って凝《こ》ります。腕とわきの下には、握《にぎ》りこぶしが一つ入るほどあけます。

手《て》指《ゆび》やてのひらは、昔から霊能《れいのう》*7の中枢《ちゅうすう》といわれています。私たちがうっかりケガをした時などにも、無意識《むいしき》に患部《かんぶ》へ手が行きますが、これは本能が手の霊能《れいのう》を使って傷口を治そうとする働きです。また、腹痛や歯痛《はいた》の時も、私たちの手はごく自然に患部を押《お》さえます。手先そのものが痛むと、私たちは指を口にふくんだり、ハーッと息をかけたりしますが、これは口と息の霊能を利用しようとする働きです。神想観《しんそうかん》の合掌《がっしょう》は、この二つの霊能の中枢《ちゅうすう》を近づけ、さらにこれを人間の額《ひたい》（眉間《みけん》）というもう一つの霊能の中枢に引き寄せることによって、一種の〝霊的波動《れいてきはどう》〟を受けるアンテナを構成するものです。

目の閉じ方

神想観をするときに目を閉じるのは「現象世界《げんしょうせかい》はない」として、それを見ないためです。現象世界が見えるのを防ぐために、まぶたを閉じるわけです。精神統一《せいしんとういつ》を助けるという意味でもありますが、それをさらに有効にするためには、目を閉じたあとも、眼球《がんきゅう》は上方へ向けて動かさないのがいいでしょう。ちょうど合掌の先端《せんたん》を見つめるような気持になれば、精神統一がしやすくなります。

また、「精神を統一する」というと、何か大変な修行《しゅぎょう》をするつもりなのか、眉間にシワを寄せる人がいますが、眉《まゆ》をしかめると心が何となく暗くなり、「実相《じっそう》」を見ることが難しくなりますから、心をゆったりと落ちつかせ、明るく、ほがらかな気持になる意味からも、眉間にはできるだけシワを寄せないようにしましょう。

招《かみ》神《よび》歌《うた》

姿勢《しせい》が整いますと、いよいよ神想観に入るわけでありますが、神想観の初めに「招神歌（かみよびうた）」というのを唱《とな》えます。これには、精神統一をするとともに、自分の心を「神様」と「実相」の方へ真直《まっす》ぐに振《ふ》り向《む》け、さらに「神を招《まね》く」ことによって、神想観中に低級霊《ていきゅうれい》が干渉《かんしょう》してくるのを防ぐという三つの意義があります。

これと似た方法は他の宗教でも考案《こうあん》されています。自力仏教《じりきぶっきょう》＊8では「座禅《ざぜん》」「摩訶止観《まかしかん》＊9」などの方法があり、他力仏教《たりきぶっきょう》＊10では「専修念仏《せんじゅねんぶつ》＊11」をすることになっており、古神道《こしんとう》には「鎮魂《ちんこん》＊12」という方法があります。いずれも自分の雑念《ざつねん》を去って「神」や「仏」の〝光〟を完全に浴《あ》びるためのものですが、「雑念を去る」ために、自分の心（現在意識《げんざいいしき》）の働きをできるだけ止めようとするのを「止観《しかん》＊13」といいます。しかし、止観では、完全な止観に達するまでに〝半止観《はんしかん》〟とか〝半意識《はんいしき》〟というような中途半端な心の状態を通過しなければならず、この状態では、本来〝意識の番兵《ばんぺい》〟として私たちの心を守っている現在意識が充分に活動していないので、そのスキに乗《じょう》じて低級な霊《れい》が干渉《かんしょう》するという危険性があります。仏教の祖《そ》である釈迦《しゃか》でさえ、ナイランジャナー*14河畔《かはん》で断食修行《だんじきしゅぎょう》を行いながら静坐《せいざ》している時、〝悪魔《あくま》〟が現われて誘惑《ゆうわく》しようとしたことが『過去現在因果経《かこげんざいいんがきょう》』*15などに出ていますし、イエス・キリストが四十日四十夜《よんじゅうにちよんじゅうや》断食して祈られた時にも、やはり〝悪魔〟が出現してキリストを試みたということが聖書に書いてあります。宗教界の大天才でさえそうなのですから、私たち凡人《ぼんじん》が無念無想《むねんむそう》の状態から止観《しかん》に達することは、なみたいていのことではなく、危険をともないます。

そこで「雑念《ざつねん》を去る」ためのもう一つの方法として、神様を呼び、実相《じっそう》を念じることによって「雑念を追い払う」というのが神想観《しんそうかん》の「招神歌《かみよびうた》」です。無念無想ではなく、有念有想《うねんうそう》によって精神統一《せいしんとういつ》を行うのが神想観です。招神歌によって「生長の家の神」を招《まね》き、低級な霊の干渉《かんしょう》を断ち、同時に心をひたすら「大生命」である神様に集中し、一体となろうとする方法です。

いま「生長の家の神」という書き方をしましたが、この神様は何も「キリスト教の神」や神道の「天之《あめの》御中主神《みなかぬしのかみ》」とは別の人格をもった〝もう一人の神〟という意味ではありません。生長の家では「すべての宗教の神髄《しんずい》は一つであり、真理は一つである」という立場をとっていますから、生長の家の神とは「全包容的《ぜんほうようてき》な神」であり、「宇宙にくまなく満ちている知性ある法則、大生命の人格的現われ」であります。招神歌には「生長の家の大神《おおかみ》、守りませ」という言葉が出てきますが、この「大神」はこのような意味で「一宗一派《いっしゅういっぱ》の神」というような限定的な神様ではありません。

それでは、次に、このような「宇宙の大生命」を念じる招神歌とはどんな歌なのか、という説明に入りましょう。

招　神　歌

生きとし生けるものを生かしたまえる御祖神《みおやがみ》
元津霊《もとつみたま》ゆ　幸《さきは》えたまえ。
吾《わ》が生《い》くるは吾が力ならず
天地《あめつち》を貫《つらぬ》きて生くる祖神《みおや》の生命《いのち》。
わが業《わざ》はわが為《な》すにあらず
天地《あめつち》を貫きて生くる祖神《みおや》の権能《ちから》。
天地《あめつち》の祖神《みおや》の道を伝えんと顕《あ》れましし
生長の家の大神《おおかみ》守りませ。

歌の意味

最初の一行は「宇宙の生きるものすべてを生かしている大生命よ」という、神様への呼びかけです。「元《もと》津《つ》霊《みたま》ゆ」とは、「その大生命（元のみたま）から」という意味で、次に来る「さきはえたまえ」が「元《もと》より末《すえ》へ幸福を分け与えられている」という意味ですから、最初の行では「大生命の分身が私であり、私は大生命によって生かされている」と宣言しているわけです。「さきはえたまえ」と依頼しているようでもありますが、別に依頼しなくとも、現に人間は大生命の分身なのですから、これはこのように唱《とな》えることによって「人間は神様から生命を与えられ、生かされている」という事実を再確認するための言葉です。

こうして「人間は大生命の分身である」という事実が再認識《さいにんしき》されましたら、三～六行目の歌を唱えます。この部分の歌詞は説明を要《よう》しないほど平易《へいい》に書かれています。つまり「自分が生きているのは自力《じりき》で生きているのではなく、大生命のいのちがここに生きているのだ」という意味であり、「自分の行為や業績《ぎょうせき》は自分がしているのではなく、大生命の力によるものだ」という意味です。最後の部分は、「このような大生命が人格的に現われ、私たちに道を示してくださろうとしている生長の家の神様、お守りください」ということになります。

この招神歌《かみよびうた》には、一定の節《ふし》と言いまわしが確立《かくりつ》されていますので、正確に実行されたい方は巻末の「招神歌の唱え方」を参考にされ、さらに神想観《しんそうかん》指導の録音テープ・CD*16（世界聖典普及協会発行）を聞きながら練習されるのが理想的です。

気《き》合《あい》

招神歌を唱えた後に、「イユゥー」という気合をかけます。気合は、私たちの想念《そうねん》が凝集《ぎょうしゅう》したものです。ここで気合をかけることで、招神歌の内容を徹底《てってい》させ、「実相完全《じっそうかんぜん》」の方向に向かって私たちの想念をほとばしり出させるという意義があります。

合掌《がっしょう》をしたまま、一度大きく息を吸い込み、胸骨下方《きょうこつかほう》のみずおちをやや引込《ひっこ》めて鼻から息を半《なか》ば出した後、ヘソの下の「丹田《たんでん》」*17といわれる所に力を入れて、一気に力強く「イユゥー」と気合をかけます。

呼吸法

神想観の呼吸法は、一般に「腹式呼吸《ふくしきこきゅう》」*18といわれているものです。目を閉じて合掌したまま鼻からゆっくりと息を吸いますが、心では「鼻から息を吸う」とは思わず、合掌《がっしょう》の先から大生命の生気《せいき》が流れ込み、下腹《したばら》まで生気が満ちみちる様子を心に描《えが》き、感じるようにします。この時、心の中で「神の無限の生かす力、自分のうちに流《なが》れ入《い》る、流れ入る…」と念じます。充分に息が入りましたら、一度、みずおちあたりの息を下腹の方へのみ込み落とす気持になります。それには、みずおちを後方へ吸い込むようなつもりでへこませ、同時に下腹を前方へふくらすようにしますと、息は丹田《たんでん》に落ち着いて、下腹に充《み》ち足《た》りた感じが起ります。この時、息の一部をかすかに鼻から出すのがいいでしょう。心の中では「神の無限の生かす力に満たされている、生かされている、満たされている、生かされている……」と唱《とな》えます。やがて自然に息をはきたくなったとき、同じことを唱えながら、唇を紙一枚ほど開けた間から、徐々《じょじょ》に息を吐き出します。

　これを一心不乱《いっしんふらん》にくり返すのですが、あまり同じ言葉をくり返して念じていると、人によっては、雑念《ざつねん》を思い浮べる余裕《よゆう》ができてくるので、そのような時には、「神の生命が流れ入る」「神の生命に満たされている」というのと同じ意味のことを、いろいろ言い方を変えて一心に思念するのがいいでしょう。

　神と自分との分離感《ぶんりかん》を取り払い、大生命の無限の力に生かされているという感じを潜在意識《せんざいいしき》の底の底にまで自覚させ、気息《きそく》を充実させるという目的を達成すればいいのです。これが神想《しんそう》観《かん》の呼吸法であり、基礎的修行法《きそてきしゅぎょうほう》です。

毎日一回は神想観をしよう

神想観は「続けて行う」ことが大切です。当初、まだ不慣《ふな》れな時は、何か特別の行事をする特殊な時間を作らねばならないように感じられるかもしれませんが、本当はそうではありません。神想観の本質は、「大生命である神様と、その分身である神の子（人間）との直接対面」ですから、家族が毎日顔を合わせるのが全く自然であるのと同じように、当りまえで、自然な行事です。ですから、毎日一回は神想観をする時間をつくりましょう。朝起きて十分、眠りしなに十五分、昼休みに十分など、まずあなたの毎日の時間の中に組み入れてみることが大切です。神想観をすることが、どこか退屈で、物憂《ものう》い、面倒くさいことだと感じるのは、神想観が何か自分の心を無理に使って「物」を製造したり、現世利益《げんぜりやく》を得るための方法だという考えが残っているからです。最初は抵抗を感じていても、続けて行うように心がけていれば、やがてその抵抗感も消え、「神との直接対面」がどんなに神聖《しんせい》で、楽しいことかが実感されてきます。

前掲《ぜんけい》の呼吸法で、神想観を一か月ほど実修《じっしゅう》していられますと、息のことは習慣となり、意識的に考えなくても自然にできるようになります。この「息が整う」ことが大切です。息が激しく動くと、心も乱れます。心が乱れれば精神統一《せいしんとういつ》は困難です。ですから、精神統一するためには、まず息を整えねばなりません。「じっと下腹《したばら》に息を保ち、しかも息のことを自覚しない状態」がマスターできれば、その時は心が鏡のように澄《す》みきってきます。心が澄み切った状態になれば、私たちが心に念じることが最も直接的に潜在意識《せんざいいしき》にしみとおっていくので、潜在意識を仲介《ちゅうかい》にした大生命（神）との「直接対面」が可能になります。

ただ実相《じっそう》の完全のみを観《み》よう

息が習慣的に静かに整ってくれば、いよいよ人生百般《じんせいひゃっぱん》に即《そく》した応用的な思念《しねん》をすることができるようになります。生長の家は決して「病気治しの宗教」ではありませんが、神想観《しんそうかん》によって大生命である神様の命にふれて、人間の「実相」が現われれば、肉体の病気が消えていくのは当然のことですから、「本来健康である人間の実相を現わす」ための、応用的な祈りの方法もあります。

しかし、あなたがもし、実相の完全さを観《かん》じることによって病気を治そうとお考えになるならば、その実相を見る神想観を行う直前以外には、決して病気のことを思ったり語ったりしてはいけません。病気を思ったり、語ったりすることは、あなたの心に「病気のすがたを描《えが》く」

ことになりますから、神想観でせっかく「人間の完全な実相」を心に描いても、それを逆に打ち消す結果になってしまいます。

それでは次に、実相の健康を現わすための応用的な祈りの方法を紹介しましょう。

全体の健康を保つための祈り

「神の生命《いのち》が私の生命《いのち》です。全能の神が私の生命《いのち》を支配していられるのです。神は私に与えた生命《いのち》を常に健康に、常に若く、常に病気にかからぬように、常に疲労と破損《はそん》とを回復するように、内部から導《みちび》いて下さいます。だから、どんな病気にかかろうとも、どんな外《がい》傷《しょう》を受けようとも、常に内部の力が私を治して下さいます。」

局部の健康を回復するための祈り

この祈りは、「全体の健康を保つための祈り」を唱《とな》えた後に、続けて行うのがよいでしょう。

【肝臓《かんぞう》の場合】

「肝臓よ、目覚《めざ》めよ。お前が受け持っている機能を完全に実行せよ。良質の胆汁《たんじゅう》を適量分《ぶん》

泌《ぴ》せよ」（約五分間こう唱《とな》えた後、次の言葉を念じる）

「肝臓《かんぞう》よ、おまえはすでに目覚《めざ》めたのだ。おまえが与えられた機能を、完全に果《はた》していることに感謝します。感謝します。」（五～十分間こう唱えます）

【腸の場合】

「腸の精神よ、目覚めよ。おまえが神から与えられた完全な機能を遂行《すいこう》せよ。充分に消化液《しょうかえき》を分泌《ぶんぴ》し、適当に蠕動《ぜんどう》を行い、栄養のみを完全に吸収して、不要成分を排泄《はいせつ》せよ」

（約五分間こう唱えた後、次の言葉を念じる）

「腸の精神よ、おまえはすでに目覚めたのだ。おまえは完全に消化液を分泌し、完全に消化機能を営み、完全に栄養を吸収し、完全に蠕動を行って不要物質を完全に排泄する。私はおまえの毎日の奉仕に感謝します。感謝します。」（こう五分～十分間唱えます）

ここに挙《あ》げた祈りのことばは、肝臓や腸以外の消化器官《しょうかきかん》の健康を回復する場合にも応用できます。たとえば「胃」の場合は、「腸」という言葉を「胃」に置《お》き換《か》えればそのまま使えますし、すい臓の場合も、「肝臓」の部分を「すい臓」に置き換え、「胆汁《たんじゅう》」を「すい液」に言《い》い換《か》えればいいのです。

また、細胞精神《さいぼうせいしん》に向かって話しかける方法もあります。細胞は生きており、知性を示す〝心〟をもっていますから、私たちは細胞に向かって想念《そうねん》で話しかけることができます。人体は、あらゆる部分が細胞でできていますから、この祈りは、病気を現わしている人体各所に応用することができます。たとえば、肺病の場合は、次のように唱えればいいでしょう。

「肺臓《はいぞう》の細胞よ、おまえは神の子だ。死物《しぶつ》ではなく、霊《れい》だ。霊的存在《れいてきそんざい》だ。だから物質的な病気などにかかるはずはない。おまえは神の子だ。生命だ。霊だ。霊であるから、形がこわれたり、傷ついたりはしない。寒さや、湿気《しっけ》に冒《おか》されたり、種々《しゅじゅ》の細菌に冒されたりするはずはない。おまえは神の子だ。永遠に老いないのだ。だからおまえは健康だ。病気だと思うのは、おまえの心の迷いだ。迷いからさめて、自分が神の子であることを知れ、すでに健全なことを知れ」

こう念じた後、前述《ぜんじゅつ》したように、肺臓がすでに完全に機能を回復していることを強く心に描《えが》いて「ありがとう、ありがとう」という気持で感謝するようにします。

迷いの自壊作用《じかいさよう》

ある程度の時間、ある程度の期間、神想観《しんそうかん》を行ったならば、もう病気のことについて思いわずらったり、心配したり、「こんなことで健康になれるはずがない」と疑ったりしないことが必要です。心配や取り越し苦労は、神想観で行った肯定的《こうていてき》、創造的想念《そうぞうてきそうねん》とは逆の否定的、破壊的想念《はかいてきそうねん》ですから、神想観の効果を打ち消してしまうことになります。自分の希望をいったん神に表明した以上は、神の全知全能の力にお任せすることが大切です。

「必ずよくなる」という信念をもちつづけることが必要です。

私たちが神想観によって何かを神に求める場合、なかなか希望どおりにいかないことがあります。これは、「実相《じっそう》」がこの現象世界《げんしょうせかい》に現われるまでには時間がかかり、これまで「迷い」によって現われていた現象が「自壊」していくのにも時間がかかるからです。たとえば、ある病気にかかった人が、神想観していると、かえって熱が高くなったり、痛みが増加したり、分泌物《ぶんぴぶつ》が急にふえたりして、一見、病状が〝悪化《あっか》〟したように見えることがあります。そこで「神想観も効果がなかったのか」と失望していると、やがてその病状の急変が転機となって、夕立《ゆうだ》ちの後の青空のように、健康がめきめきと回復してきます。

ですから、神想観を行った後に病状が急に〝悪化〟したように見えても、これは「迷いの自壊作用」ですから、「もうすぐ本当に健康なすがたが現われる前兆《ぜんちょう》だ」と思い、自信をもって神想観を続けて下さい。

さて、神想観で「実相の完全なすがた」を念じ、観《かん》じることと同時に、病気を現わしている原因である、あなたの心についても根本治療《こんぽんちりょう》が必要です。「憎《にく》み」「怒《いか》り」「イラ立ち」「嫉妬《しっと》」などの心が消えないかぎり、病気はまた現われてくるでしょう。また、このような破壊的な心は、神想観で念じる「実相」とは相反《あいはん》するものですから、神想観を有効にするためにも、憎しみや怒りを取り除《のぞ》くことが大切です。そのためには「感謝」の心を起すことが必要です。次章では、その「感謝」について少し詳《くわ》しくお話ししましょう。

＊１　実相世界　神によって創《つく》られたままの完全円満な世界。

＊２　現在意識　人間が通常、現実世界の中で自分のことを自覚している意識。

＊３　潜在意識　自覚されることなく、心の奥深い層にある、人間の行動や考え方に影響を与える意識。

＊４　霊媒術　霊媒《れいばい》（死者の霊《れい》がのり移る媒介《ばいかい》となる人）によって死者の霊を呼び出し、生者《せいじゃ》と意志を通じ合わせる術。

＊5　透視術　五感以外の特別な感覚によって、隠《かく》された物を直接に感知する術。

＊6　オカルト映画　冥界《めいかい》や霊魂《れいこん》との交信、魔術《まじゅつ》などの超自然《ちょうしぜん》的な世界を描《えが》く映画。

＊7　霊能　霊的能力。

＊8　自力仏教　悟《さと》りを得るために，自分自身の素質や能力に頼る修行《しゅぎょう》をおこなう仏教。

＊9　摩訶止観　中国の隋代《ずいだい》に、天台宗《てんだいしゅう》の祖師《そし》である智顗《ちぎ》が講述《こうじゅつ》した仏教書。天台宗の瞑想法《めいそうほう》である止観《しかん》を体系的に説《と》いたもの。

＊10　他力仏教　自分の力ではなく、阿弥陀仏《あみだぶつ》の本願《ほんがん》（一切の衆生《しゅじょう》を救済《きゅうさい》しようという誓願《せいがん》）の力によって成仏《じょうぶつ》することを説く仏教。

＊11　専修念仏　浄土《じょうど》に往生《おうじょう》するため，他の行《ぎょう》をまじえず，ひたすら念仏《ねんぶつ》を唱《とな》えること。

＊12　鎮魂　魂《たましい》を落ち着かせ、しずめる行法《ぎょうほう》。

＊13　止観　心を乱さず、一切の対象を明らかに観察する、天台宗の瞑想法。

＊14　ナイランジャナー　インドのガンジス河の支流ファルグ河の古称《こしょう》。

＊15　過去現在因果経　宋《そう》の時代に漢訳《かんやく》された代表的仏典《ぶってん》。釈迦《しゃか》の前世《ぜんせ》とその生涯《しょうがい》を説く。

＊16　神想観指導の録音テープ・CD　谷口雅春（指導）『基本的神想観／如意宝珠観』、谷口雅春（講話）『神想観についての講義と実修』（ともにCD版・カセットテープ版あり、制作・発行　一般財団法人 世界聖典普及協会）

＊17　丹田　ヘソの少し下の下腹の内部にあり、気の力が集まるとされる部位《ぶい》。

＊18　腹式呼吸　胸郭《きょうかく》を広げるのではなく、横隔膜《おうかくまく》の上下の動きによる呼吸。

第二章　感謝の心

浦島太郎《うらしまたろう》の伝説

ここで、有名な「浦島太郎」の物語を思い出して下さい。
「浦島伝説」は、古くは『日本書紀《にほんしょき》』*1『万葉集《まんようしゅう》』*2などにも出てくるもので、また、日本各地に言い伝えが残っていて、物語の細部はそれぞれ微妙《びみょう》に違っていますが、大筋《おおすじ》は次のとおりです。

ある日、漁夫《ぎょふ》の浦島太郎は、釣《つ》りあげたカメを助けて海に放してやる。翌日、小舟に乗った美女（カメの化身《けしん》）が現われ、太郎を竜宮城《りゅうぐうじょう》に連れていき、夫婦となって三年の歳月を送る。故郷恋しさにいったん帰国しようとする太郎に、女はけっしてあけるなといいふくめて、みやげの玉手箱《たまてばこ》を与える。太郎が帰国してみると、故郷はまるで変わっており、彼が国を出てからすでに七百年もの年月が経過していた。驚いて太郎は、みやげの玉手

箱を、禁《きん》をおかしてあけたとたん、三筋《みすじ》の雲が立ちのぼり、太郎はたちまち白髪《はくはつ》の老翁《ろうおう》と変《へん》じ、やがてツルとなって天にのぼり、浦島明神《うらしまみょうじん》となる。カメも夫婦の明神となる。（平凡社『国民百科事典』より）

この物語には、「動物の報恩《ほうおん》」「異境体験《いきょうたいけん》」[*3]「禁忌《きんき》[*4]をもった宝《たから》物語《ものがたり》」という三要素が入っていますが、この「動物の報恩」の部分が、感謝の心をよく表わしています。

まず、感謝の心を起して「報恩」するのが、人間ではなく動物だという所が大切です。人間ならば、人に親切をしてもらったら「お返し」をするのは当りまえです。しかし、ここに「カメ」が登場するのは、「動物でも、親切な行いにはこたえるものだ」という信念が、日本人の心に昔から存在していたことを表わしています。同じようなストーリーは「ツルの恩返《おんがえ》し」

「花咲《はなさ》かじじい」「舌切りスズメ」などの昔話にも出てきます。しかし「浦島太郎」物語の特徴は、陸上で生活する人間と、海の中のカメという、外面的には全くつながりのない二つの存在が、「親切な行為」と「感謝」を契機《けいき》として、内面的に急速に接近する様子がよく象徴化《しょうちょうか》されている点です。「カメは美女の姿に変《へん》じ、太郎と三年間、竜宮城《りゅうぐうじょう》で夫婦として生活する」というストーリーは、外見上は全く別個の存在が、内面的に交流し、融合《ゆうごう》しあう「愛」の内容を、実に見事に象徴化しています。この契機をつくったのが、カメの「感謝の心」でした。この物語では、「感謝の心」をおこしたカメは、自らを変革《へんかく》して「美女」の姿になり、さらに最終的には、太郎とともに天に昇って「明神」という、一段高い存在へと変身をとげることになっています。カメは「感謝の心」を起すことによって、自己変革《じこへんかく》をとげたのです。「人間」と「カメ」という一見〝離れた存在〟でさえ、これによって内面の交流が生まれ、互いにこれまで経験したことのない一段高い次元の世界へと翔《と》び立つことができる――浦島伝説には、こんな解釈《かいしゃく》が可能です。

満員電車での孤独

さて、「人間とカメ」という伝説の世界から、「人間と人間」の現実世界へ帰ってみましょう。

——満員電車です。通勤のためには毎日、必ず乗り込まなくてはなりません。しかも、この時間の、この電車に乗らなくては、乗《の》り換《か》えの時間に遅れ、会社に遅刻《ちこく》するかもしれません。あなたは、まわりを自分と同じ人間だとは思わず、人間の形をした〝物体〟だと思って、力いっぱい人を押しながら、わずかに開いた〝物体〟と〝物体〟のすきまに、これまた〝物体〟のような不自然な姿勢で自分の体を滑《すべ》り込《こ》ませます。あとはひたすら息を殺し、感情を殺し、苦しさをこらえて、目的の駅の名前が呼ばれるまで〝物体〟であり続けようと努力します——

このような状況にあっては、同じ人間同士であっても、心と心との交流は「人間とカメ」以下です。物理的な近さはほぼ限界点にまで達していても、精神的な親近感は全くなく、いわゆる「意志疎通《いしそつう》」も皆無《かいむ》といっていいでしょう。

満員電車は社会的な現象《げんしょう》ですが、その背景を考えてみると、精神的な現象ともいえるでしょう。「社会現象」としてのラッシュ・アワーは、「人口集中」と「都市化《としか》」が生み出した必然的な結果として見ることができます。都市に人口が集中すれば、都市の土地の値段が急上昇します。すると、土地代（家賃を含《ふく》む）を払い切れず、しかも、生活水準の維持《いじ》・向上をはかりながら、都市で仕事を続けたい人は、必然的に地代《ちだい》の安い郊外《こうがい》へと住居を求めて流出《りゅうしゅつ》します。そこで、郊外が外へ外へと発展して「都市」の様相《ようそう》を呈《てい》してきます。これが「都市化」です。いわゆるベッド・タウンが生まれ、郊外と都心をつなぐ通勤鉄道が何本も走るようになります。

しかし、人間の生活パターンは「昼間働いて夜は眠る」というように、ある程度決まっていますから、仕事へ行く朝と、家へ帰る夕方には、人々は郊外と都心を結ぶ交通網に殺到《さっとう》し、ラッシュ・アワーが現出《げんしゅつ》する――ということになります。

しかし、「都市化」という社会現象そのものは、人々の心から始まっています。「都市へ働きに出よう」と決意する若者の心理を考えてみて下さい。彼にとって、「都市」という言葉は、「多様性」と「可能性」とほとんど同義語《どうぎご》です。都市には、いろいろな仕事があります。「首都」ともなると、その国の政治、経済、社会、文化の中心ですから、それだけ職種《しょくしゅ》も多く、働く人の数も多く、規模《きぼ》も大きく、従って、自分の将来の「可能性」も大きいということになります。そこで「自分の能力を発揮《はっき》し、可能性に最大限に挑戦したい」と願う若者にとって、「都会で働く」ことはほとんど抗《こう》しがたいほどの誘惑《ゆうわく》となり、魅力となってきます。彼は、自分の家の仕事を継《つ》ぐことも考えてみますが、それがたとえ家族の愛情に包まれ、安定した職業であっても、都会の「可能性」と自分の「自立」への欲求と照らし合せてみた時、なぜか〝色あせた将来〟に見えてしまうのです。

こんなわけで、「都市化」現象は若者の「可能性の探求《たんきゅう》」と「自立への欲求」と不可分《ふかぶん》の関係になっています。しかし、「可能性」に過度に執着《しゅうちゃく》することは、一方では神経症的《しんけいしょうてき》な「万能感《ばんのうかん》」に陥《おちい》る危険性があります。さらに「自立心」は家族主義を崩壊《ほうかい》させ、個人と個人の関係をバラバラにして「根無し草《ねなぐさ》」的な孤独感を生じる要因にもなっています。現代人に心身《しんしん》症《しょう》、*6あるいは自閉症《じへいしょう》や強迫神経症《きょうはくしんけいしょう》*7などの統合失調症《とうごうしっちょうしょう》が多いのは、こんな所にも原因があります。ですから「可能性」と「自立」とを追い求めてきた人々の毎日が、「満員電車の孤独」で始まるというのは、一見皮肉《ひにく》なことですが、見方によっては当然の結果だとも考えられるのです。

近親憎悪《きんしんぞうお》

さて、「満員電車の孤独」に象徴《しょうちょう》されるような現代社会では、私たちは「自分一人で生きている」という錯覚《さっかく》に陥《おちい》りやすくなっています。そこで必然的に「感謝の心」も忘れられがちです。自分一人で生きており、他人の世話になどなっていないというような極端な自立意識《じりついしき》からは、感謝の心など起りようがありません。自立心が旺盛《おうせい》な若い人たちが、人の世話になるのが当然の権利であるように考えたり、好意を受けても「ありがとう」という一言《ひとこと》が言えなかったりすることは、新聞の投書欄《とうしょらん》でもすでにおなじみの現象《げんしょう》です。しかし、「人間は一人では生きられない」ということをよく知っているはずの大人でも、家族や親戚《しんせき》などの近親者《きんしんしゃ》に対して「ありがとう」の一言が言えないことが多々《たた》あります。しかも、本来感謝すべき恩恵《おんけい》を受けている近親者、会社の同僚《どうりょう》や上司、先生など〝関係の深い人〟に限って、感謝できないという妙な経験がたくさんあります。

「近親憎悪」[*8]という言葉がありますが、両親や、兄弟や、恋人や、友人など自分と関係の深い相手には、愛情や友情も強く感じますが、自分の期待に反した時には、怒《いか》りや憎《にく》しみの感情もそれだけ強く発現《はつげん》します。「浮気の亭主《ていしゅ》を刺《さ》す」とか「父親をバットで殴《なぐ》る」など新聞の社会面をにぎわす悲しい事件は、こうした近親憎悪にもとづくものですが、憎悪がそこまで決定的に爆発せず、腹の中や胸の内でフツフツとたぎっているような状態にある場合、その情念は必ず精神や体に影響を及ぼします。このことは、すでに『病気はこうして治る――原理篇――』の第二章で詳《くわ》しく説明しました。しかし、一度起ってしまった情念を、現在意識《げんざいいしき》はもちろん、潜在意識《せんざいいしき》からも完全に払拭《ふっしょく》することは、並たいていのことではありません。『病気はこうして治る――原理篇――』の第三章で引用した『オセロー』の物語でも、オセローの理性は、最愛の妻の〝不貞《ふてい》〟に対する怒りをついに制御《せいぎょ》できず、「妻殺し」の愚《ぐ》を行《おこな》ってしまいます。オセローは、最後に「愛することを知らずして愛しすぎた」ことを深く嘆《なげ》き、「おのが命にもまさる宝を、われとわが手で投《な》げ捨《す》て」たことに絶望して、自らの命を絶ってしまいますが、ここに、「憎しみ」や「怒り」の対象が、実は本人にとって欠くべからざる存在であるという事実が暗示《あんじ》されているのです。

敵を愛する

少しわかりにくい表現を使いましたが、「憎《にく》しみの深い相手こそ、自分にとって不可欠の存在だ」ということは、私たちが小さいころから体験して、よく知っていることです。小・中学生であれば「親友に裏切られた」ということは大変な事件ですし、青年期では「恋人の裏切り」や「夫の三角関係」は自殺や刃傷《にんじょう》事件を引きおこしかねないほどの激情《げきじょう》をともないます。思春期の娘には、父親の「浮気」はもちろん「再婚」でさえ、許《ゆる》し難《がた》い裏切りとして感じられます。こんな場合、私たちは〝裏切られた〟と感じ、憎しみが生じた時点で、親友や恋人や親との関係が切れたように思いがちですが、事実はそうではなく、〝裏切り〟が行われ、憎しみが燃え上りながらも、その対象は、依然《いぜん》として私たちにとって欠くべからざる存在なのです。

私たち人間は「他者《たしゃ》」なくしては生きていけません。これは、家族、雇用者《こようしゃ》、取引先など、自分の生活を支えてくれる相手がいなければ生きられないという「社会的」な意味での他者ばかりでなく、自分の欲求や、希望や、夢や、感動や、怒《いか》りや、憎しみなどを投げかけ、意志疎《いしそ》通《つう》をはかる相手としての「心理学的他者《しんりがくてきたしゃ》」も必要であるということです。この「心理学的他者」を失った人は、いわゆる神経症患者《しんけいしょうかんじゃ》となり、社会生活を営めません。統合失調症《とうごうしっちょうしょう》の人は、自分だけの主観的《しゅかんてき》世界の中に閉じこもって、その中だけで物事を考え、感情を動かし、他者との接触《せっしょく》を全く失っています。また、強迫神経症《きょうはくしんけいしょう》の患者は、自分の本当の感情を相手に向けて表現することができず、それをいろいろ他の事に置きかえたり、向け変えたり、別の形で表現するほかはありません。このように、他人との意志疎通がはかれない人は「心の病人」です。他者を失った不幸な人です。ですから、あなたの「他者」が、たとえ夢を語り、愛情を感じる相手ではなく、怒りや憎しみを発散させる相手であったにせよ、あなたはそのような情念を発散させることによって神経症患者になることから救われているのです。情念を向ける相手がいるということは、このように大変ありがたいことなのです。

また、情念を向ける相手は、感情をもった一人の人間ですから、そこに心と心との交流が生まれ、意志が通じ、やがて自分自身か、相手か、もしくは二人ともどもに変化し、成長する機会が必ずやってくるのです。

このように考えていくと、「汝《なんじ》の敵を愛せよ」とイエス・キリストが言うところの「敵」も、仏教の「観世音菩薩《かんぜおんぼさつ》」の考え方も、「必要不可欠の情念の受け手」としての「他者」という概念《がいねん》とかなり近づいてきます。「汝の敵を愛せよ」という一見無理な注文も、かみくだいて言えば「憎しみを向ける相手（敵）こそ、あなたにとっては必要欠くべからざる魂《たましい》の訓練者《くんれんしゃ》であるから、感謝して愛そう」ということになります。また、仏教でいう「観世音菩薩」は、自分の姿を「三十三身《さんじゅうさんじん》」に変えて人々を救う仏様《ほとけさま》です。この「三十三身」という数は数学で言う「33」とは違い「臨機応変《りんきおうへん》にあらゆる形に身を変える」という意味で、この仏様は、私たちそれぞれの心境《しんきょう》を観察していて、各人に応じた適当な姿形《すがたかたち》に身を変え、あるいは「ガンコな父親」となり、あるいは「いじわるな姑《しゅうとめ》」となり、あるいは「憎《にく》い上司」の姿となって現われ、私たちを導いてくれる――

仏教ではこのように教えています。つまり、表現のしかたは変わっていても、「どんなに憎らしい相手でも、各人の魂の向上には不可欠な存在だ」ということを説《と》いているわけです。

さて、「怒《いか》り」や「憎しみ」などのストレスがやがて体に現われて「病気」が生じるという原理からすれば、この「怒り」や「憎しみ」を解消する方法を考えねばなりません。それには、「感謝の心」を起すことが一番です。これは、そう簡単な方法ではないかもしれませんが、これまでの説明で「憎い相手こそ、あなたの真の友人である」ことがおわかりいただければ、きっと「憎い相手」にも感謝できます。「怒りや憎しみが生じた原因を究明《きゅうめい》し、その原因を排除《はいじょ》すれば、憎しみや怒りは消えるだろう」などという考え方では、いつまでたっても感謝の心は起きてきません。そのような考え方では、「私の憎しみの原因は、あの人があの時、あのような仕打《しう》ちをしたから起ったものだ。だから、その仕打ちを行ったあの人がこの世からいなくなれば、憎しみは消える」――などという結論に行きつくのがオチです。これでは、あなたが実際に「殺人」を行うか、「あの人」が交通事故か何かで死ぬまでは、あなたは〝憎しみの虜《とりこ》〟であり続けねばなりません。

「自分に憎悪《ぞうお》を向けてくる相手に対し、感謝の心を起す」という手本を、仏教の祖《そ》であるお釈《しゃ》迦様《かさま》は、見事に示されています。

『法華経《ほけきょう》』＊9の「提婆達多品《だいばだったほん》」＊10という箇所《かしょ》に、お釈迦様が自分の従弟《いとこ》であるダイバダッタに対して「感謝の心」を示されている部分があります。ダイバダッタは頭脳明晰《ずのうめいせき》で知識は豊か、しかも体力も旺盛《おうせい》な青年でした。しかし、お釈迦様には非常な敵対心を抱いていたといわれています。お釈迦様が何か真理の話をされると、それについて遠慮仮借《えんりょかしゃく》のない反論を加え、攻撃し、嘲笑《ちょうしょう》したうえ、時には殺意を抱いたともいわれています。また〝仏教教団の反逆者〟とも呼ばれていて、アジャセ王（Ajatasatru, 在位491 ~ 459 B.C.）と組んで、仏教の庇護者《ひごしゃ》であったアジャセの父・ビンバシャラ王を幽閉《ゆうへい》して獄死《ごくし》させた——と仏典《ぶってん》には出ています。このようなダイバダッタについて、お釈迦様《しゃかさま》は「私がこうして今日《こんにち》あるのは、ダイバダッタのおかげである。ダイバダッタの反論や憎《にく》しみが、私の心をみがく砥石《といし》となり、私の信念を導いて真理を悟《さと》るための手引をしてくれた。ありがたいことだ」ということを『法華経《ほけきょう》』の中で言われています。

お釈迦様のような心境《しんきょう》に達すれば、どんな敵対心もその人を傷つけることはできません。私たちが、このような心境にいっぺんに到達《とうたつ》することは難しいでしょうが、少しでも近づこうとする努力が大切です。そのためには「コトバの力」と「理性の力」を借りて、荒馬《あらうま》のように荒れ狂う情念を静め、コントロールし、説得して「感謝の心」に置《お》き換《か》えていくことが必要です。次に、そのための方法について、お話ししましょう。

感謝できることから始めよう

どんなに自分につらく当る人でも、その人の心の奥には「本当に善《よ》いところ」があります。これが『病気はこうして治る——原理篇——』の第三章で説明した「実相《じっそう》」です。まず、この

「人間の実相」を信じましょう。「実相の本当に善いところ」が現われていないのは、私たちの「心の迷い」が、眼鏡《めがね》のレンズのくもりのように、「あなた」と「実相」の間に介在《かいざい》しているからです。このことも、すでに説明しました。ですから、あなたが現在の心の状態のままでいる間は、〝レンズ〟のくもりは取れず、いつまでたっても「実相」は現われてきません。まず、私たちの心を変える必要があります。「相手のほうが心を変えればいいのだ」という人がいるかもしれませんが、あなたが変れば相手も変るのです。また「相手が変る前に、自分の方が変るのはソンだ。負けたような気がする」と思う人は、大切なことを忘れています。他人に激しい怒《いか》りを感じたり、憎《にく》んだり、恨《うら》みつづけたりすることによってソンをするのは、その相手ではなく、あなた自身だということです。もちろん、相手もそのことによって間接的に不利益をこうむるかもしれません。しかし、あなたの憎悪《ぞうお》によって、相手が直接的に病気にかかるなどということはありません。病気になったり、病状が悪化するのは、憎悪の念を起しているあなた自身の方なのです。その「憎悪の心」「恨みの心」を起すことをやめれば、あなたはソンをするどころかトクをするのです。「戦っている相手に負ける」などとは思ってはなりません。「戦いによってお互いがこうむっている不利益を解消し、さらに感謝し、協力することによって、お互いの利益を二倍にも三倍にもするのだ」という考え方に立たねばなりません。まさに、「浦島太郎《うらしまたろう》」と「カメ」が助け合うことによって、神秘な〝竜宮体験《りゅうぐうたいけん》〟をし、さらに両者ともに一段階高い次元の世界へと進んだようにです。「感謝の心」とは、このような道を切り開くため必要不可欠の第一歩なのです。

まず、感謝できることを探《さが》しましょう。「感謝できるものなんて、何もない」という人は、かなりな〝重傷〟です。今の自分が、いったいどれだけの数の人の世話になってきたかを考えてみて下さい。何もできない赤ん坊の時、オッパイをくれたのは誰でしょう？

幼稚園で字を教えてくれたのは、誰ですか？　小学校の先生は、どんなに大切なことを教えてくれたでしょう？　お父さんは？　友達は？　高い学費を出してくれたのは、誰？　社会人としての基礎《きそ》教育をしてくれたのは？　困っている時に励ましてくれたのは？　その他、貴重な知識は誰から学びましたか？

不幸にして誰にも感謝できない人は、少なくとも、きょう一日生かされていることを喜び、感謝しましょう。世の中には、寝る家もなく、食糧《しょくりょう》もなく、飢《う》え死《じ》にかかっている人や、戦場で重傷を負っている人、疫病《えきびょう》でやせ衰《おとろ》えている人、交通事故で死にかかっている人などがたくさんいます。しかしあなたは、本が読めます。おいしい水も飲める。寝る場所もある。食事もできる。きっと家族もいる。そういう様々《さまざま》な幸運があってこそ、あなたは、きょうもまた生きていることができる。いや、本当は「生かされている」のです。このことに感謝しなければなりません。

こうして、心の中に「感謝」の気持が湧《わ》き上《あ》がってきましたなら、その気持を持続《じぞく》しましょう。そして、もし憎《にく》んだり恨《うら》んだりする人がいたら、この「感謝の心」が起ってきたスキに、その人の良い点を認めて、心の中で賛嘆《さんたん》しましょう。どんな小さいことでも、良い点を探し出してほめましょう。内面的なことをほめることができなかったら、外面的なことでもいいでしょう。「背が高い」とか「センスがいい」とか「言葉をよく知っている」とか……。そして、心の中にその人の顔を思い浮かべ、「○○さん、あなたは背が高くてすばらしい」などと語りかけましょう。気持を込めてほめましょう。やがて、心の中の「○○さん」は、笑顔でこたえてくれるようになります。笑顔が出てくれば、しめたものです。その時は「ありがとう」と感謝することができます。なぜなら、これまでガンコにあなたを拒否しつづけてきたその人が、心の中ではありますが、笑顔であなたを受け入れてくれるからです。「ありがとう」が一言いえたら、繰《く》り返《かえ》しましょう。今までの「憎しみ」や「恨み」の思いが消えるまで、気持を込めて「○○さん、ありがとう。○○さん、ありがとう」とくり返しましょう。その間に、あなたの側にも悪い点があると思ったら、その人に心の中で謝《あやま》りましょう。正直に謝りましょう。きっと、心の中の「○○さん」も笑ってあなたを許してくれるでしょう。

感謝をコトバと態度に表わそう

さて、心の中で感謝できても、それを形に表わさねば相手に伝わりません。カメが浦島太郎《うらしまたろう》に感謝したように、感謝を、自分の行動で表わさねばなりません。そのためには、時には相手と〝同じ姿〟になることも必要でしょう。つまり、カメが「美女」の姿に身を変《へん》じたように、

自分自身の古い考え方から脱《だっ》皮《ぴ》して、感謝すべき人の所へ、こちら側から歩み寄っていく行動が必要です。手紙を出すのもいいでしょう。季節のあいさつにことよせて、贈物《おくりもの》を送るのもいいでしょう。近況《きんきょう》報告《ほうこく》の電話でもいいでしょう。相手としょっちゅう顔を合せる機会があるのなら、実際に

笑いかけて「ありがとう」と言ってみましょう。「おはよう」でも「今日は」でもいいでしょう。会話が成立《せいりつ》したら、お茶へ誘ったり、夕食に招待してみてはいかがでしょうか？　とにかく、相手に対して自分の好意と「感謝の心」を伝えましょう。伝えるだけでいいのです。相手が笑ってこたえてくれなくても、「フン、何だ！」というような顔をしても、せっかくの誘いを断っても、あなたは「ああ、ソンをした」などと考える必要はないのです。なぜなら、あなたの「感謝」の目的は、ただ感謝するためだけにあるのですから。感謝することによって、あなた自身の気持が楽になります。感謝することによって、あなたは相手と自分との間に立ちふさがっていた〝心の垣根《かきね》〟を取り払い、心が二倍に大きくなります。人間性が二倍にふくれあがります。そして、あなたから発散《はっさん》される「感謝」の雰囲気《ふんいき》は、まわりの人々を引きつけ、新しい良い協力者が出現することになるかもしれません。

愛を行うこと

「感謝の心」が本当に起ってきますと、次の段階として、「あの人に何かしてあげたい」という愛情が湧《わ》き上《あ》がってきます。これは、心が広くなってきた証拠《しょうこ》です。最初のうちは、「何かしてもらったから、お返しをする」というような、やや実利的《じつりてき》な気持が残っているかもしれませんが、やがて「感謝の心」がしだいに本物になり、「相手の存在自体がありがたく、うれしい」と感じるようになります。こうなれば、あなたの魂《たましい》はその人の魂にまで拡大され、一大成《いちだい》長をとげたといえるでしょう。その時は「こうしてあげたい」と思うことを、そのまま実行すればいいでしょう。きっと、相手の方にも愛情が伝わり、その相手が喜ぶ様子を見て、あなたはさらに魂の喜びを深めることでしょう。これが、本当の意味での「自他一体感《じたいったいかん》」であり、「愛」の本質です。このような心境《しんきょう》に達すれば、もうあなたは、自分の中に憎《にく》しみや病気が存在していないことに気づくでしょう。

まだ、このような段階に達せず、「何となく感謝できるような気持だが、まだ何となく相手に抵抗感もある」というような場合には、まず愛行《あいぎょう》（愛を行うこと）を実行してみる、という方法があります。私たち現代人は、とかく人と人との一体感や、つながりを体験する機会に恵まれていないので、「人間とは互いに孤立していて、淋《さび》しい存在だ」などと感じやすいのです。こんな場合は、何よりもまず、最初は抵抗感があっても、具体的な愛の行為を実践《じっせん》すべきです。あたたかく、思いやりのある言葉、力づけ、親切な態度、心を明るくするような励ましの言葉や行動を勇気をもって行《おこな》ってごらんなさい。それによって、相手の喜ぶ姿を見、自分の心にも喜びがふつふつと湧《わ》き出《で》てくることを実際に体験することによって、「なるほど人間は自分一人だけの、小さな孤立《こりつ》した存在ではない」とアリアリと実感するのが最良の方法です。

感謝・浄心《じょうしん》・祈り合い

生長の家では、「練成会《れんせいかい》」といって個人が〝魂の訓練《くんれん》〟をする場所が全国にあります。ここは、柔道や剣道の訓練をする場と同じように「道場」と呼ばれていて、各地から集まってきた人々が、プロの講師の指導の下に、自分ではなかなかままならない「心」の訓練をします。実際に「憎《にく》む人に感謝しろ」といわれても、そして、その方法を本で読んでも、いざ実行の段階に来ますと、人間は尻込《しりご》みしがちです。そんな時は、練成道場へ行って、他の人たちと一緒に感謝の練習をすると、案外《あんがい》自然に「憎しみの心」は消えていきます。これまでにも、練成会で感謝の仕方を実地《じっち》体験したおかげで、家や職場に帰ってから憎んでいた人に感謝でき、そのために病気が消えていった人がたくさんいます。そこで、この本を読んで興味をもたれた人のために、巻末部に、全国にある生長の家の練成道場の一覧表を付けました。

この練成会では、文字通り「朝から晩まで」生長の家の生き方を実行するのですが、その中に「感謝行《かんしゃぎょう》」というのがあります。練成会では徹底的《てっていてき》に「ありがとうございます」という感謝の言葉を唱《とな》えますが、感謝行では、ふだん利用したり、世話になったりしていながら、感謝をせずに「当りまえだ」と思っていた心を改めるために、感謝の言葉を唱えながら、参加者全員が、道場内の清掃を行います。潜在意識《せんざいいしき》に「感謝の心」を起させるために、現在意識《げんざいいしき》のレベルで徹底的《てっていてき》に感謝の言葉を唱《とな》え、さらに実際に体を動かして感謝の行為をするわけです。いわば積極的な方面から「感謝の心を吹き込む」という行事です。

また、心の中にたまった「憎《にく》しみ」「恨《うら》み」「嫉妬《しっと》」「イライラ」などの破壊的《はかいてき》な想念《そうねん》感情を取《と》り除《のぞ》くために、「浄心行《じょうしんぎょう》」という行事も行います。この行事では、まず自分の潜在意識の中にたまった「怒《いか》り」「憎しみ」「恨み」などの感情を、いったん現在意識のレベルまで引き上げ、それを実際に文字の形で紙に書きます。この「紙に書いた心」は現象《げんしょう》の心で、自分の「本当の心」に照らしてみると「醜《みにく》い」「きたない」ことがわかります。そこで、神様の前にこの「ニセモノの心」をさらけ出し、浄化《じょうか》してもらうために、神殿の前にその紙をささげ、『甘露《かんろ》の法《ほう》雨《う》』というお経を読みながら焼却《しょうきゃく》します。これは、いわば消極的な方面から「破壊的感情を消滅させる」ための行事です。

さらに、自分のためではなく、他人のために愛を実践《じっせん》する「祈《いの》り合《あ》いの神想観《しんそうかん》」という行事があります。これは、これまで「自分のために何か利益がほしい」と思っていた参加者の心を、クラリと一八〇度転換《てんかん》させ、「他人の幸福のために祈る」ことによって、参加者みずからが愛を体験し、「他人に与える」喜びを実感するためのものです。相手の悲しみを自分の悲しみと感じ、相手とともに手をとり涙を流すほどの気持になって、相手と自分との一体感を得ます。

そして、相手のために祈る時、もうその人はこれまでの〝小さな個人〟ではなく、神様の愛の心と一致する〝大きな個人〟になるわけです。このような行事によって病気が治った例は、たくさんあります。

皆様も、「感謝」と「愛行《あいぎょう》」をマスターして〝大きな個人〟となり、幸せな生活を送って下さい。気がついた時には、きっと病気など、どこかへ消え去ってしまっているでしょう。

（終）

＊１　日本書紀　奈良時代に完成した、日本最古の歴史書。
＊２　万葉集　奈良時代末までにまとめられた日本最古の歌集。皇族から農民まで幅広い階層の作者による四五〇〇首《しゅ》以上の歌を収める。
＊３　異境体験　神話や伝説に見られる、主人公が日常から遠く離れた別世界に行き、また戻《もど》ってくる体験。
＊４　禁忌　日時・方位・行為・言葉などについて、忌《い》むべきものとして避《さ》け、禁ずること。
＊５　万能感　「自分には何でもできる」という、自己の能力に対する過大《かだい》な感覚。
＊６　心身症　心理的な要因から、体に症状が現れる疾患《しっかん》。
＊７　強迫神経症　強迫観念《きょうはくかんねん》（こだわり）と強迫行為（止められない反復行為）に支配される心の症状。

＊8　近親憎悪　血縁《けつえん》関係がきわめて近かったり、人間関係がきわめて密接な者同士が持つ憎《にく》しみの感情。

＊9　法華経　『妙法蓮華経《みょうほうれんげきょう》』の略称《りゃくしょう》。大乗仏教経典《だいじょうぶっきょうきょうてん》の一つで、天台宗《てんだいしゅう》・日蓮宗《にちれんしゅう》の中心的な聖典。

＊10　提婆達多品　法華経《ほけきょう》二十八品《ほん》中の第十二。ダイバダッタ（提婆達多《だいばだった》）や、龍王《りゅうおう》の娘の成《じょう》仏《ぶつ》を通して、悪人成仏と女人《にょにん》成仏を説《と》く。

（参考資料）　招神歌の唱え方

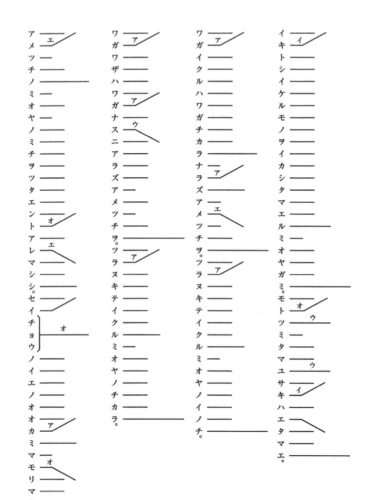

イキトシイケルモノヲイカシタマエルミオヤガミ。モトツミタマユサキハエタマエ。

ワガイクルハワガチカラナラズアメツチヲ。ツラヌキテイクルミオヤノイノチ。

ワガワザハワガナスニアラズアメツチヲ。ツラヌキテイクルミオヤノチカラ。

アメツチノミオヤノミチヲツタエントアレマシシ。セイチヨウノイエノオオカミマモリマセ。

出典：谷口雅春著『新版　詳説　神想観』（日本教文社刊）76ページ

（参考資料）

生長の家本部直轄練成道場の練成会の案内

詳しくは各道場へ直接お問い合わせください。

生長の家総本山
〒851−3394　長崎県西海市西彼町喰場郷1567
電話：0959（27）1155　FAX：0959（27）1151
龍宮住吉本宮練成会／境内地献労練成会／長寿ホーム練成会

生長の家本部練成道場
〒182−0036　東京都調布市飛田給2−3−1
電話：042（484）1122　FAX：042（489）1174
神性開発飛田給練成会／神性開発短期練成会／女性のための練成会／生き生き長寿練成会／能力開発セミナー

生長の家富士河口湖練成道場
〒401−0301　山梨県南都留郡富士河口湖町船津5088
電話：0555（72）1207　FAX：0555（72）1209
神性開発富士山練成会／神性開発短期練成会／自然体験練成会／無量長寿練成会／神の子を自覚する練成会

生長の家宇治別格本山
〒611−0021　京都府宇治市宇治塔の川32
電話：0774（21）2151　FAX：0774（21）2216
神性開発宇治一般練成会／神性開発宇治短期練成会／神性開発宇治楽しく行ずる練成会
神性開発宇治長寿練成会／神性開発宇治幸福な結婚をするための練成会

生長の家松陰練成道場
〒754—1277　山口県山口市阿知須字大平山1134
電話：0836（65）2195　FAX：0836（65）5954
松陰練成会

生長の家ゆには練成道場
〒818—0105　福岡県太宰府市都府楼南5—1—1
電話：092（921）1417　FAX：092（921）1420
いのちのゆには一般練成会

各地の生長の家教化部の教区練成会の案内

詳しくは各教化部へ直接お問い合わせください。

札幌教化部
〒063—0829　札幌市西区発寒九条12—1—1
電話：011（662）3911　FAX：011（662）3912

小樽教化部
〒047—0033　小樽市富岡2—10—25
電話：0134（34）1717　FAX：0134（34）1550

室蘭教化部
〒050—0082　室蘭市寿町2—15—4
電話：0143（46）3013　FAX：0143（43）0496

函館教化部
〒040—0033　函館市千歳町19—3
電話：0138（22）7171　FAX：0138（22）4451

旭川教化部
〒070—0810　旭川市本町1—2518—1
電話：0166（51）2352　FAX：0166（53）1215

空知教化部
〒073—0031　滝川市栄町4—8—2
電話：0125（24）6282　FAX：0125（22）7752

釧路教化部
〒085—0832　釧路市富士見3—11—24
電話：0154（44）2521　FAX：0154（44）2523

北見教化部
〒099—0878　北見市東相内町584—4
電話：0157（36）0293　FAX：0157（36）0295

帯広教化部
〒080—0802　帯広市東二条南27—1—20
電話：0155（24）7533　FAX：0155（24）7544

青森県教化部
〒030—0812　青森市堤町2—6—13
電話：017（734）1680　FAX：017（723）4148

秋田県教化部
〒010—0872　秋田市千秋北の丸4—50
電話：018（834）3255　FAX：018（834）3383

岩手県教化部
〒020—0124　盛岡市厨川1—15—14
電話：019（681）2646　FAX：019（648）5530

山形県教化部

〒990―0021　山形市小白川町5―29―1
電話：023（641）5191　FAX：023（641）5148

宮城県教化部
〒981―1105　仙台市太白区西中田5―17―53
電話：022（242）5421　FAX：022（242）5429

福島県教化部
〒963―0921　郡山市西田町鬼生田大谷地398
電話：024（954）4755　FAX：024（954）4766

茨城県教化部
〒319―0209　笠間市泉887
電話：0299（57）1320　FAX：0299（45）4533

栃木県教化部
〒321―0933　宇都宮市簗瀬町字桶内159―3
電話：028（633）7976　FAX：028（633）7999

群馬県教化部
〒370―0801　高崎市上並榎町455―1
電話：027（361）2772　FAX：027（363）9267

埼玉県教化部
〒336―0923　さいたま市緑区大間木字会ノ谷483―1
電話：048（874）5477　FAX：048（874）7441

千葉県教化部
〒260―0032　千葉市中央区登戸3―5―1
電話：043（241）0843　FAX：043（241）0809

神奈川県教化部

〒242—0021　大和市中央2—2—2

電話：046（265）1771　FAX：046（265）1773

東京第一教化部

〒112—0012　文京区大塚5—31—12

電話：03（5319）4051　FAX：03（5319）4061

東京第二教化部

〒183—0042　府中市武蔵台3—4—1

電話：042（574）0641　FAX：042（574）0642

山梨県教化部

〒406—0032　笛吹市石和町四日市場1592—3

電話：055（262）9601　FAX：055（262）9605

長野県教化部

〒390—0862　松本市宮渕3—7—35

電話：0263（34）2627　FAX：0263（34）2626

長岡教化部

〒940—0853　長岡市中沢3—364—1

電話：0258（32）8388　FAX：0258（32）7674

新潟教化部

〒951—8133　新潟市中央区川岸町3—17—30

電話：025（231）3161　FAX：025（231）3164

富山県教化部

〒930—0103　富山市北代6888—1

電話：076（434）2667　FAX：076（434）1943

石川県教化部

〒９２０—００２２　金沢市北安江１—５—１２
電話：０７６（２２３）５４２１　ＦＡＸ：０７６（２２４）０８６５

福井県教化部
〒９１８—８０５７　福井市加茂河原１—５—１０
電話：０７７６（３５）１５５５　ＦＡＸ：０７７６（３５）４８９５

静岡県教化部
〒４３０—０９２９　浜松市中区中央３—１０—１
電話：０５３（４０１）７２２１　ＦＡＸ：０５３（４０１）７２２２

愛知県教化部
〒４６０—００１１　名古屋市中区大須４—１５—５３
電話：０５２（２６２）７７６１　ＦＡＸ：０５２（２６２）７７５１

岐阜県教化部
〒５００—８８２４　岐阜市北八ツ寺町１
電話：０５８（２６５）７１３１　ＦＡＸ：０５８（２６７）１１５１

三重県教化部
〒５１４—００３４　津市南丸之内９—１５
電話：０５９（２２４）１１７７　ＦＡＸ：０５９（２２４）０９３３

滋賀県教化部
〒５２７—００３４　東近江市沖野１—４—２８
電話：０７４８（２２）１３８８　ＦＡＸ：０７４８（２４）２１４１

京都教化部
〒６０６—８３３２　京都市左京区岡崎東天王町３１
電話：０７５（７６１）１３１３　ＦＡＸ：０７５（７６１）３２７６

両丹道場
〒625−0080　舞鶴市北吸497
電話：0773（62）1443　FAX：0773（63）7861
奈良県教化部
〒639−1016　大和郡山市城南町2−35
電話：0743（53）0518　FAX：0743（54）5210
大阪教化部
〒543−0001　大阪市天王寺区上本町5−6−15
電話：06（6761）2906　FAX：06（6768）6385
和歌山県教化部
〒641−0051　和歌山市西高松1−3−5
電話：073（436）7220　FAX：073（403）2460
兵庫県教化部
〒650−0016　神戸市中央区橘通2−3−15
電話：078（341）3921　FAX：078（371）5688
岡山県教化部
〒703−8256　岡山市中区浜1−14−6
電話：086（272）3281　FAX：086（273）3581
広島県教化部
〒732−0057　広島市東区二葉の里2−6−27
電話：082（264）1366　FAX：082（263）5396
鳥取県教化部
〒682−0022　倉吉市上井町1−251
電話：0858（26）2477　FAX：0858（26）6919
島根県教化部

〒693―0004　出雲市渡橋町542―12
電話：0853（22）5331　FAX：0853（23）3107

山口県教化部
〒754―1277　山口市阿知須字大平山1134
電話：0836（65）5969　FAX：0836（65）5954

香川県教化部
〒761―0104　高松市高松町1557―34
電話：087（841）1241　FAX：087（843）3891

愛媛県教化部
〒791―1112　松山市南高井町1744―1
電話：089（976）2131　FAX：089（976）4188

徳島県教化部
〒770―8072　徳島市八万町中津浦229―1
電話：088（625）2611　FAX：088（625）2606

高知県教化部
〒780―0862　高知市鷹匠町2―1―2
電話：088（822）4178　FAX：088（822）4143

福岡県教化部
〒818―0105　太宰府市都府楼南5―1―1
電話：092（921）1414　FAX：092（921）1523

大分県教化部
〒870―0047　大分市中島西1―8―18
電話：097（534）4896　FAX：097（534）6347

佐賀県教化部
〒840―0811　佐賀市大財4―5―6
電話：0952（23）7358　FAX：0952（23）7505

長崎教化部
〒852―8017　長崎市岩見町8―1
電話：095（862）1150　FAX：095（862）0054

佐世保教化部
〒857―0027　佐世保市谷郷町12―21
電話：0956（22）6474　FAX：0956（22）4758

熊本県教化部
〒860―0032　熊本市中央区万町2―30
電話：096（353）5853　FAX：096（354）7050

宮崎県教化部
〒889―2162　宮崎市青島1―8―5
電話：0985（65）2150　FAX：0985（55）4930

鹿児島県教化部
〒892―0846　鹿児島市加治屋町2―2
電話：099（224）4088　FAX：099（224）4089

沖縄県教化部
〒900―0012　那覇市泊1―11―4
電話：098（867）3531　FAX：098（867）6812

以上の資料は、二〇二〇年一月現在のものです。

誌友会《しゆうかい》のためのブックレットシリーズ6

病気《びょうき》はこうして治《なお》る——実践篇《じっせんへん》——

2018年10月25日　初版第1刷発行
2020年 2 月15日　初版第4刷発行

編　者　一般財団法人《いっぱんざいだんほうじん》　世界聖典普及協会《せかいせいてんふきゅうきょうかい》
発行者　磯部和男
発行所　宗教法人「生長の家」
山梨県北杜市大泉町西井出8240番地2103
電　話（0551）45-7777　http://www.jp.seicho-no-ie.org/
発売元　株式会社　日本教文社
東京都港区赤坂9丁目6番44号
電　話（03）3401-9111
ＦＡＸ（03）3401-9139
頒布所　一般財団法人　世界聖典普及協会
東京都港区赤坂9丁目6番33号
電　話（03）3403-1501
ＦＡＸ（03）3403-8439
印刷・製本　東港出版印刷
装　幀　J-ART

本書の紙は、ＦＳＣ®森林管理認証を取得した木材を使用しています。

落丁・乱丁本はお取替えします。
定価は表紙に表示してあります。

ISBN978-4-531-05920-1

● 自然と芸術について　誌友会のためのブックレットシリーズ 1

谷口雅宣著　本体 476 円

全国各地で開催される「技能や芸術的感覚を生かした誌友会」の意義や講話のポイントを明示するほか、生長の家の教えの視点に立った芸術論をコンパクトにまとめた 1 冊。

発行　生長の家

● 生命倫理を考える　誌友会のためのブックレットシリーズ 2

小林光子著　本体 571 円

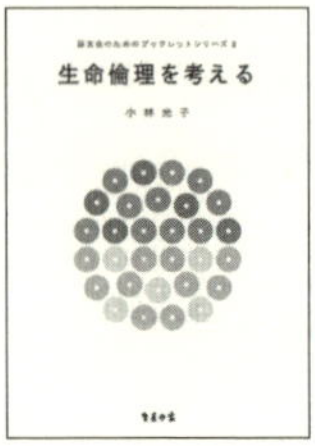

遺伝子操作、臓器移植など、生命が科学的に操作される今日、人間は生き通しのいのちをもった尊い存在であり、利己心や欲望から科学が使われてはならないとの生長の家の立場から諸問題を解説。

発行　生長の家

● “人間・神の子”は立憲主義の基礎　誌友会のためのブックレットシリーズ 3

——なぜ安倍政治ではいけないのか？

谷口雅宣監修　生長の家国際本部ブックレット編集室 著作　本体 227 円

安倍政権に日本の政治をこのまま任せた場合、政権に都合のよい憲法改正が行われ、立憲主義が守られない独裁的政治に陥る危険性がある。本書は、そのことを詳しく説明し、生長の家が目指す国の形について明示する。

発行　生長の家／発売　日本教文社

● 戦後の運動の変化について　誌友会のためのブックレットシリーズ 4

谷口雅宣著　本体 227 円

戦後の冷戦時代の生長の家の運動が、その後の世界状況の変化の中で、どのように変わってきたかを解説しながら、教えの中心部分は一貫して不変であることを説く。

発行　生長の家／発売　日本教文社

● 生長の家ってどんな教え？

——問答有用、生長の家講習会

谷口雅宣著　本体1333円

生長の家講習会における教義の柱についての講話と、参加者との質疑応答の記録で構成。唯神実相、唯心所現、万教帰一の教えの真髄を現代的かつ平明に説く。

発行　生長の家／発売　日本教文社

株式会社　日本教文社　〒107-8674　東京都港区赤坂9-6-44　TEL（03）3401-9111
一般財団法人　世界聖典普及協会　〒107-8691　東京都港区赤坂9-6-33　TEL（03）3403-1501
各本体価格（税抜き）は令和２年１月１日現在のものです。